© 2022 Writer's Soul
Lesetagebuch - Bookjournal
1.Auflage Dezember 2022

Umschlag- und Innengestaltung von © Juliana Fabula | Grafikdesign
Unter der Verwendung von Grafiken: Midjourney AI; shutterstock.com |
Romanova Ekaterina; leyvud; kaisorn

Herstellung und Verlag:
BoD – Books on Demand, Norderstedt

ISBN: 9783756889891

Kontakt: writerssoul@web.de

"Von allen Welten,
die der Mensch erschaffen hat,
ist die der Bücher die Gewaltigste."

– Heinrich Heine

Meine Buchevents

"Ein Leben ohne Bücher ist
wie eine Kindheit ohne Märchen,
ist wie eine Jugend ohne Liebe,
ist wie ein Alter ohne Frieden."

– Carl Peter Fröhling

Bücherjahr in Zahlen

Mein Bücherjahr in Zahlen

Highlights

Flops

Januar

April

Februar

Mai

März

Juni

JAHR ....

📖 = Bücher, die ich gelesen habe

⏳ = Zeit, in der ich gelesen habe

📚 = Seiten, die ich gelesen habe

📖 [_____]

⏳ [_____]

📚 [_____]

JULI

📖 [_____]

⏳ [_____]

📚 [_____]

OKTOBER

📖 [_____]

⏳ [_____]

📚 [_____]

AUGUST

📖 [_____]

⏳ [_____]

📚 [_____]

NOVEMBER

📖 [_____]

⏳ [_____]

📚 [_____]

SEPTEMBER

📖 [_____]

⏳ [_____]

📚 [_____]

DEZEMBER

📖 [_____]

⏳ [_____]

📚 [_____]

BÜCHERREGAL für Lieblingsgeschichten

A Reader lives a
1000 Lives
before he dies.
– George R.R. Martin

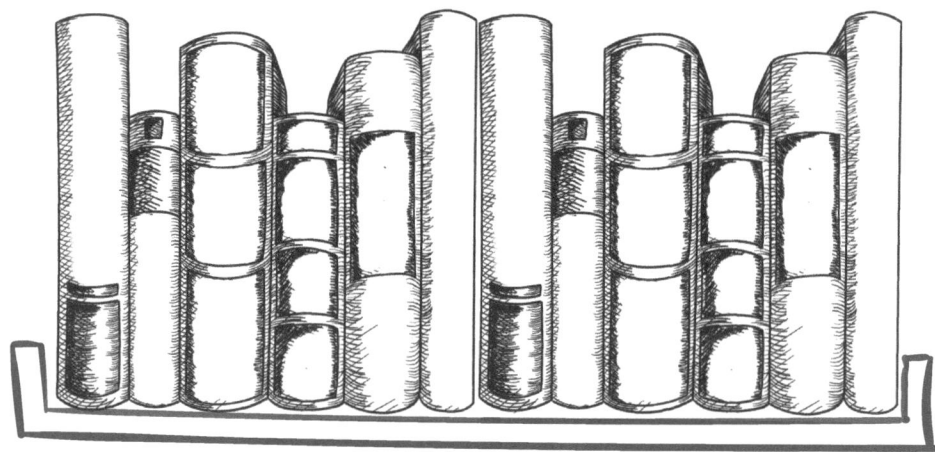

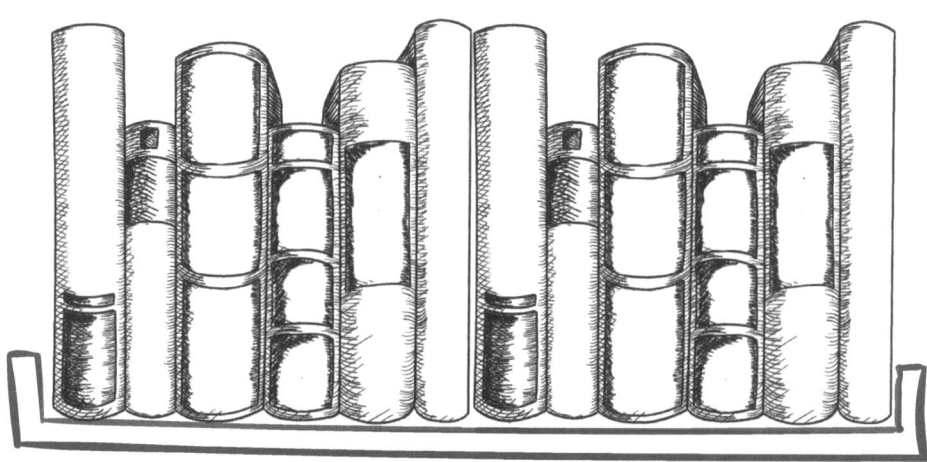

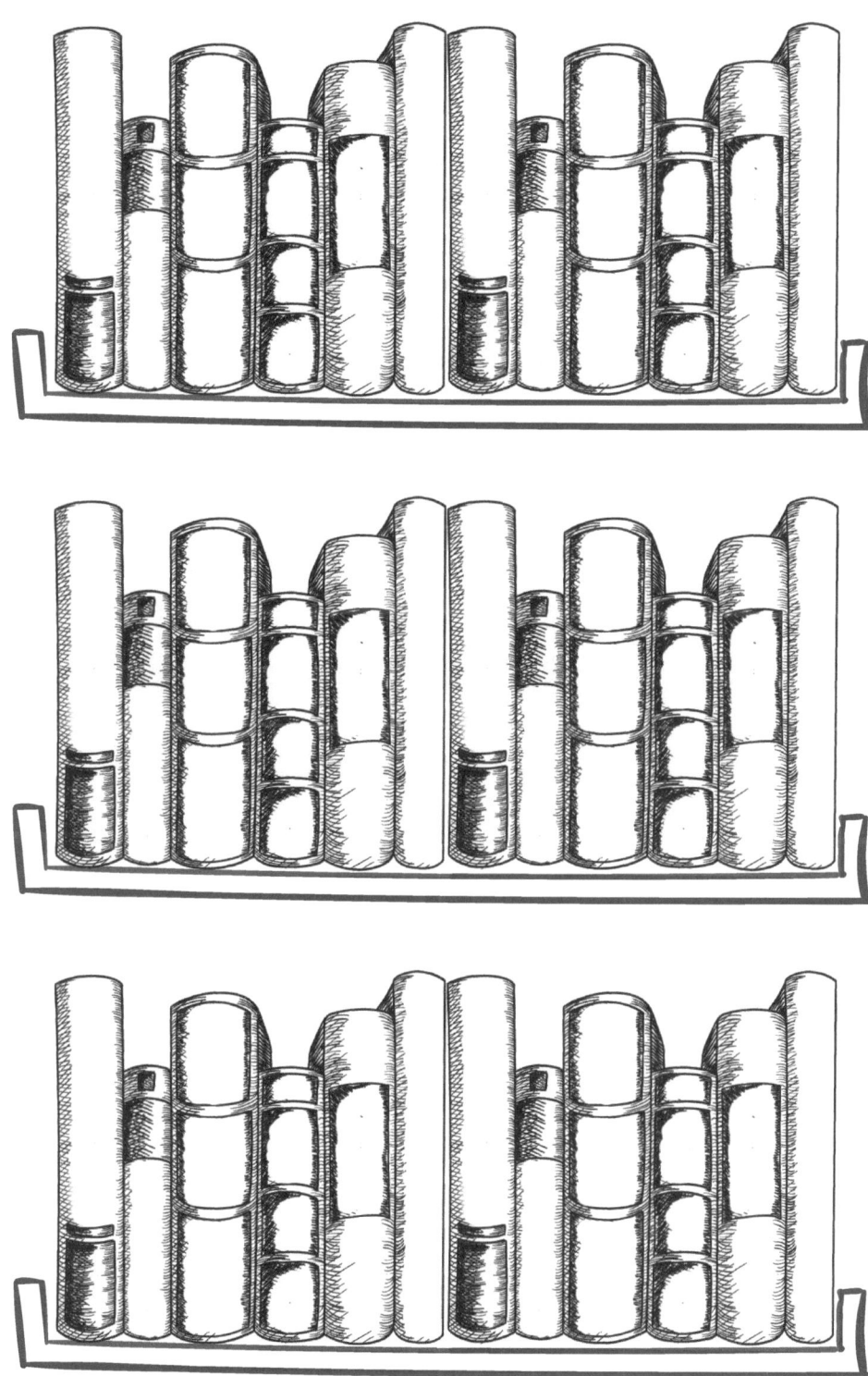

# BOOKTRACKER Wie viele Bücher wurden bereits gelesen?

"Ein Leben ohne Bücher ist
wie eine Kindheit ohne Märchen,
ist wie eine Jugend ohne Liebe,
ist wie ein Alter ohne Frieden."

– Carl Peter Fröhling

Möchte ich dieses Jahr unbedingt lesen

1. ....
2. ....
3. ....
4. ....
5. ....
6. ....
7. ....
8. ....
9. ....
10. ....
11. ....
12. ....
13. ....
14. ....
15. ....
16. ....
17. ....
18. ....
19. ....
20. ....
21. ....
22. ....
23. ....
24. ....
25. ....

Möchte ich dieses Jahr unbedingt lesen

26. ....

27. ....

28. ....

29. ....

30. ....

31. ....

32. ....

33. ....

34. ....

35. ....

36. ....

37. ....

38. ....

39. ....

40. ....

41. ....

42. ....

43. ....

44. ....

45. ....

46. ....

47. ....

48. ....

49. ....

50. ....

"In Büchern liegt die Seele aller gewesenen Zeit."

- Thomas Carlyle

Bücher, die ich dieses Jahr gelesen habe

1.

2.

3.

4.

5.

6.

7.

8.

9.

10.

11.

12.

13.

14.

15.

16.

17.

18.

19.

20.

21.

22.

23.

24.

25.

Bücher, die ich dieses Jahr gelesen habe

26. ....
27. ....
28. ....
29. ....
30. ....
31. ....
32. ....
33. ....
34. ....
35. ....
36. ....
37. ....
38. ....
39. ....
40. ....
41. ....
42. ....
43. ....
44. ....
45. ....
46. ....
47. ....
48. ....
49. ....
50. ....

Bücher, die ich dieses Jahr gelesen habe

51. ....
52. ....
53. ....
54. ....
55. ....
56. ....
57. ....
58. ....
59. ....
60. ....
61. ....
62. ....
63. ....
64. ....
65. ....
66. ....
67. ....
68. ....
69. ....
70. ....
71. ....
72. ....
73. ....
74. ....
75. ....

Bücher, die ich dieses Jahr gelesen habe

76. ....

77. ....

78. ....

79. ....

80. ....

81. ....

82. ....

83. ....

84. ....

85. ....

86. ....

87. ....

88. ....

89. ....

90. ....

91. ....

92. ....

93. ....

94. ....

95. ....

96. ....

97. ....

98. ....

99. ....

100. ....

Bücher, die ich dieses Jahr gelesen habe

101. ....
102. ....
103. ....
104. ....
105. ....
106. ....
107. ....
108. ....
109. ....
110. ....
111. ....
112. ....
113. ....
114. ....
115. ....
116. ....
117. ....
118. ....
119. ....
120. ....
121. ....
122. ....
123. ....
124. ....
125. ....

Meine liebsten Bücher in diesem Jahr

1. ....
2. ....
3. ....
4. ....
5. ....
6. ....
7. ....
8. ....
9. ....
10. ....

Meine grössten Flops in diesem Jahr

1. ....
2. ....
3. ....
4. ....
5. ....
6. ....
7. ....
8. ....
9. ....
10. ....

Lieblingscover

1.
2.
3.
4.
5.
6.
7.
8.
9.
10.
11.
12.
13.
14.
15.
16.
17.
18.
19.
20.
21.
22.
23.
24.
25.

Lieblingscharaktere

1. ....
2. ....
3. ....
4. ....
5. ....
6. ....
7. ....
8. ....
9. ....
10. ....
11. ....
12. ....
13. ....
14. ....
15. ....
16. ....
17. ....
18. ....
19. ....
20. ....
21. ....
22. ....
23. ....
24. ....
25. ....

"Ein Buch lesen – für mich ist das das Erforschen eines Universums."

– Marguerite Duras

Meine Lesechallenges

Meine Lesechallenges

Meine Lesechallenges

Meine Lesechallenges

Meine Lesechallenges

Meine Lesechallenges

"In Büchern liegt die Seele
aller gewesenen Zeit."

- Thomas Carlyle

Mein Stapel ungelesener Bücher

1. .... ☐
2. .... ☐
3. .... ☐
4. .... ☐
5. .... ☐
6. .... ☐
7. .... ☐
8. .... ☐
9. .... ☐
10. .... ☐
11. .... ☐
12. .... ☐
13. .... ☐
14. .... ☐
15. .... ☐
16. .... ☐
17. .... ☐
18. .... ☐
19. .... ☐
20. .... ☐
21. .... ☐
22. .... ☐
23. .... ☐
24. .... ☐
25. .... ☐

Mein Stapel ungelesener Bücher

26. .... ☐
27. .... ☐
28. .... ☐
29. .... ☐
30. .... ☐
31. .... ☐
32. .... ☐
33. .... ☐
34. .... ☐
35. .... ☐
36. .... ☐
37. .... ☐
38. .... ☐
39. .... ☐
40. .... ☐
41. .... ☐
42. .... ☐
43. .... ☐
44. .... ☐
45. .... ☐
46. .... ☐
47. .... ☐
48. .... ☐
49. .... ☐
50. .... ☐

Mein Stapel ungelesener Bücher

51. .... ☐
52. .... ☐
53. .... ☐
54. .... ☐
55. .... ☐
56. .... ☐
57. .... ☐
58. .... ☐
59. .... ☐
60. .... ☐
61. .... ☐
62. .... ☐
63. .... ☐
64. .... ☐
65. .... ☐
66. .... ☐
67. .... ☐
68. .... ☐
69. .... ☐
70. .... ☐
71. .... ☐
72. .... ☐
73. .... ☐
74. .... ☐
75. .... ☐

Mein Stapel ungelesener Bücher

76. ☐
77. ☐
78. ☐
79. ☐
80. ☐
81. ☐
82. ☐
83. ☐
84. ☐
85. ☐
86. ☐
87. ☐
88. ☐
89. ☐
90. ☐
91. ☐
92. ☐
93. ☐
94. ☐
95. ☐
96. ☐
97. ☐
98. ☐
99. ☐
100. ☐

"Wer zu lesen versteht,
besitzt den Schlüssel zu grossen Taten,
zu unerträumten Möglichkeiten."
– Aldous Huxley

Leseeindrücke

Buchtitel

AUTOR*IN

VERLAG / SELFPUBLISHING

GENRE

ERSCHIENEN

Bewertung:

Spannungsdiagramm

ANGEFANGEN AM:

BEENDET AM:

HAT MIR ☐ gefallen ☐ teilweise gefallen ☐ nicht gefallen, WEIL

MEIN *Lieblingssatz* AUS DIESER GESCHICHTE

REZENSION POSTEN AM & AUF

NOTIZ

Buchtitel

Autor*in

Verlag / Selfpublishing

Genre

Erschienen

Bewertung:

Spannungsdiagramm

Angefangen am:

Beendet am:

Hat mir ☐ gefallen ☐ teilweise gefallen ☐ nicht gefallen, weil

Mein Liebingssatz aus dieser Geschichte

Rezension posten am & auf

Buchtitel

Autor*in

Verlag / Selfpublishing

Genre

Erschienen

Bewertung:

Spannungsdiagramm

Angefangen am:

Beendet am:

HAT MIR ☐ gefallen ☐ teilweise gefallen ☐ nicht gefallen, WEIL

MEIN Lieblingssatz AUS DIESER GESCHICHTE

REZENSION POSTEN AM & AUF

NOTIZ

Buchtitel

Autor*in

Verlag / Selfpublishing

Genre

Erschienen

Bewertung:

Spannungsdiagramm

Angefangen am:

Beendet am:

Hat mir ☐ gefallen ☐ teilweise gefallen ☐ nicht gefallen, weil

Mein *Lieblingssatz* aus dieser Geschichte

Rezension posten am & auf

Notiz

Buchtitel

Autor*in

Verlag / Selfpublishing

Genre

Erschienen

Bewertung:

Spannungsdiagramm

Angefangen am:

Beendet am:

HAT MIR ☐ gefallen ☐ teilweise gefallen ☐ nicht gefallen, WEIL

MEIN *Lieblingssatz* AUS DIESER GESCHICHTE

REZENSION POSTEN AM & AUF

f **◎** **🐦**

Buchtitel

Autor*in

Verlag / Selfpublishing

Genre

Erschienen

Bewertung:

Spannungsdiagramm

Angefangen am:

Beendet am:

Hat mir ☐ gefallen ☐ teilweise gefallen ☐ nicht gefallen, weil

Mein Lieblingssatz aus dieser Geschichte

Rezension posten am & auf

Notiz

Buchtitel

Autor*in

Verlag / Selfpublishing

Genre

Erschienen

Bewertung:

Spannungsdiagramm

Angefangen am:

Beendet am:

HAT MIR ☐ gefallen ☐ teilweise gefallen ☐ nicht gefallen, WEIL

MEIN Lieblingssatz AUS DIESER GESCHICHTE

Rezension posten am & auf

Buchtitel

Autor*in

Verlag / Selfpublishing

Genre

Erschienen

Bewertung:

Spannungsdiagramm

Angefangen am:

Beendet am:

Hat mir ☐ gefallen ☐ teilweise gefallen ☐ nicht gefallen, weil

Mein Lieblingssatz aus dieser Geschichte

Rezension posten am & auf

Notiz

Buchtitel

AUTOR*IN

VERLAG / SELFPUBLISHING

GENRE

ERSCHIENEN

Bewertung:

Spannungsdiagramm

ANGEFANGEN AM:

BEENDET AM:

HAT MIR ☐ gefallen ☐ teilweise gefallen ☐ nicht gefallen, WEIL

....

....

....

....

....

MEIN Lieblingssatz AUS DIESER GESCHICHTE

....

....

....

....

....

REZENSION POSTEN AM & AUF

☐   f 📷 🐦

NOTIZ

Buchtitel

AUTOR*IN

VERLAG / SELFPUBLISHING

GENRE

ERSCHIENEN

Bewertung:

ANGEFANGEN AM:

Spannungsdiagramm

BEENDET AM:

HAT MIR ☐ gefallen ☐ teilweise gefallen ☐ nicht gefallen, WEIL

MEIN Lieblingssatz AUS DIESER GESCHICHTE

REZENSION POSTEN AM & AUF

NOTIZ

Buchtitel

AUTOR*IN

VERLAG / SELFPUBLISHING

GENRE

ERSCHIENEN

Bewertung:

Spannungsdiagramm

ANGEFANGEN AM:

BEENDET AM:

HAT MIR ☐ gefallen ☐ teilweise gefallen ☐ nicht gefallen, WEIL

MEIN Lieblingssatz AUS DIESER GESCHICHTE

REZENSION POSTEN AM & AUF

f ⃝ 🐦

NOTIZ

Buchtitel

Autor*in

Genre

Bewertung:

Angefangen am:

Beendet am:

Verlag / Selfpublishing

Erschienen

Spannungsdiagramm

HAT MIR ☐ gefallen ☐ teilweise gefallen ☐ nicht gefallen, WEIL

MEIN Lieblingssatz AUS DIESER GESCHICHTE

REZENSION POSTEN AM & AUF

NOTIZ

Buchtitel

Autor*in

Verlag / Selfpublishing

Genre

Erschienen

Bewertung:

Spannungsdiagramm

Angefangen am:

Beendet am:

Hat mir ☐ gefallen ☐ teilweise gefallen ☐ nicht gefallen, WEIL

Mein *Lieblingssatz* AUS DIESER GESCHICHTE

Rezension posten am & auf

NOTIZ

Buchtitel

Autor*in

Verlag / Selfpublishing

Genre

Erschienen

Bewertung:

Spannungsdiagramm

Angefangen am:

Beendet am:

Hat mir ☐ gefallen ☐ teilweise gefallen ☐ nicht gefallen, weil

Mein Lieblingssatz aus dieser Geschichte

Rezension posten am & auf

Notiz

Buchtitel

Autor*in

Verlag / Selfpublishing

Genre

Erschienen

Bewertung:

Spannungsdiagramm

Angefangen am:

Beendet am:

HAT MIR ☐ gefallen ☐ teilweise gefallen ☐ nicht gefallen, WEIL

MEIN Liebingssatz AUS DIESER GESCHICHTE

REZENSION POSTEN AM & AUF

NOTIZ

Buchtitel

AUTOR*IN

VERLAG / SELFPUBLISHING

GENRE

ERSCHIENEN

Bewertung:

Spannungsdiagramm

ANGEFANGEN AM:

BEENDET AM:

HAT MIR ☐ gefallen ☐ teilweise gefallen ☐ nicht gefallen, WEIL

MEIN Lieblingssatz AUS DIESER GESCHICHTE

REZENSION POSTEN AM & AUF

NOTIZ

Buchtitel

Autor*in

Verlag / Selfpublishing

Genre

Erschienen

Bewertung:

Spannungsdiagramm

Angefangen am:

Beendet am:

HAT MIR ☐ gefallen ☐ teilweise gefallen ☐ nicht gefallen, WEIL

MEIN Liebingssatz AUS DIESER GESCHICHTE

REZENSION POSTEN AM & AUF

Buchtitel

AUTOR*IN

VERLAG / SELFPUBLISHING

GENRE

ERSCHIENEN

Bewertung:

Spannungsdiagramm

ANGEFANGEN AM:

BEENDET AM:

HAT MIR ☐ gefallen ☐ teilweise gefallen ☐ nicht gefallen, WEIL

MEIN Lieblingssatz AUS DIESER GESCHICHTE

REZENSION POSTEN AM & AUF

Buchtitel

Autor*in

Verlag / Selfpublishing

Genre

Erschienen

Bewertung: 📖 📖 📖 📖 📖

Spannungsdiagramm

Angefangen am:

Beendet am:

HAT MIR ☐ gefallen ☐ teilweise gefallen ☐ nicht gefallen, WEIL

MEIN Lieblingssatz AUS DIESER GESCHICHTE

REZENSION POSTEN AM & AUF

f ⓘ 🐦

NOTIZ

Buchtitel

AUTOR*IN

VERLAG / SELFPUBLISHING

GENRE

ERSCHIENEN

Bewertung:

Spannungsdiagramm

ANGEFANGEN AM:

BEENDET AM:

HAT MIR ☐ gefallen ☐ teilweise gefallen ☐ nicht gefallen, WEIL

MEIN Lieblingssatz AUS DIESER GESCHICHTE

REZENSION POSTEN AM & AUF

NOTIZ

Buchtitel

AUTOR*IN

VERLAG / SELFPUBLISHING

GENRE

ERSCHIENEN

Bewertung:

Spannungsdiagramm

ANGEFANGEN AM:

BEENDET AM:

HAT MIR ☐ gefallen ☐ teilweise gefallen ☐ nicht gefallen, WEIL

MEIN Lieblingssatz AUS DIESER GESCHICHTE

REZENSION POSTEN AM & AUF

NOTIZ

Buchtitel

AUTOR*IN

VERLAG / SELFPUBLISHING

GENRE

ERSCHIENEN

Bewertung:

Spannungsdiagramm

ANGEFANGEN AM:

BEENDET AM:

HAT MIR ☐ gefallen ☐ teilweise gefallen ☐ nicht gefallen, WEIL

MEIN Lieblingssatz AUS DIESER GESCHICHTE

REZENSION POSTEN AM & AUF

NOTIZ

Buchtitel

Autor*in

Verlag / Selfpublishing

Genre

Erschienen

Bewertung:

Spannungsdiagramm

Angefangen am:

Beendet am:

HAT MIR ☐ gefallen ☐ teilweise gefallen ☐ nicht gefallen, WEIL

Mein Lieblingssatz AUS DIESER GESCHICHTE

Rezension posten am & auf

NOTIZ

Buchtitel

Autor*in

Verlag / Selfpublishing

Genre

Erschienen

Bewertung:

Spannungsdiagramm

Angefangen am:

Beendet am:

Hat mir ☐ gefallen ☐ teilweise gefallen ☐ nicht gefallen, WEIL

....

....

....

....

Mein *Lieblingssatz* AUS DIESER GESCHICHTE

....

....

....

....

Rezension posten am & auf

Notiz

Buchtitel

AUTOR*IN

VERLAG / SELFPUBLISHING

GENRE

ERSCHIENEN

Bewertung:

Spannungsdiagramm

ANGEFANGEN AM:

BEENDET AM:

HAT MIR ☐ gefallen ☐ teilweise gefallen ☐ nicht gefallen, WEIL

MEIN Lieblingssatz AUS DIESER GESCHICHTE

REZENSION POSTEN AM & AUF

NOTIZ

Buchtitel

Autor*in

Verlag / Selfpublishing

Genre

Erschienen

Bewertung:

Spannungsdiagramm

Angefangen am:

Beendet am:

Hat mir ☐ gefallen ☐ teilweise gefallen ☐ nicht gefallen, weil

Mein *Lieblingssatz* aus dieser Geschichte

Rezension posten am & auf

NOTIZ

Buchtitel

AUTOR*IN

VERLAG / SELFPUBLISHING

GENRE

ERSCHIENEN

Bewertung:

Spannungsdiagramm

ANGEFANGEN AM:

BEENDET AM:

HAT MIR ☐ gefallen ☐ teilweise gefallen ☐ nicht gefallen, WEIL

MEIN Liebingssatz AUS DIESER GESCHICHTE

REZENSION POSTEN AM & AUF

NOTIZ

Buchtitel

AUTOR*IN
....

VERLAG / SELFPUBLISHING
....

GENRE
....

ERSCHIENEN
....

Bewertung: 📖 📖 📖 📖 📖

Spannungsdiagramm

ANGEFANGEN AM:
....

BEENDET AM:
....

HAT MIR ☐ gefallen ☐ teilweise gefallen ☐ nicht gefallen, WEIL
....
....
....
....
....

MEIN Liebingssatz AUS DIESER GESCHICHTE
....
....
....
....
....

REZENSION POSTEN AM & AUF

[   ] f 📷 🐦

NOTIZ

Buchtitel

Autor*in

Verlag / Selfpublishing

Genre

Erschienen

Bewertung:

Spannungsdiagramm

Angefangen am:

Beendet am:

Hat mir ☐ gefallen ☐ teilweise gefallen ☐ nicht gefallen, weil

Mein Lieblingssatz aus dieser Geschichte

Rezension posten am & auf

Notiz

Buchtitel

AUTOR*IN

VERLAG / SELFPUBLISHING

GENRE

ERSCHIENEN

Bewertung:

Spannungsdiagramm

ANGEFANGEN AM:

BEENDET AM:

HAT MIR ☐ gefallen ☐ teilweise gefallen ☐ nicht gefallen, WEIL

MEIN Lieblingssatz AUS DIESER GESCHICHTE

REZENSION POSTEN AM & AUF

NOTIZ

Buchtitel

Autor*in

Verlag / Selfpublishing

Genre

Erschienen

Bewertung:

Spannungsdiagramm

Angefangen am:

Beendet am:

HAT MIR ☐ gefallen ☐ teilweise gefallen ☐ nicht gefallen, WEIL

MEIN Lieblingssatz AUS DIESER GESCHICHTE

Rezension posten am & auf

NOTIZ

Buchtitel

Autor*in

Verlag / Selfpublishing

Genre

Erschienen

Bewertung:

Spannungsdiagramm

Angefangen am:

Beendet am:

HAT MIR ☐ gefallen ☐ teilweise gefallen ☐ nicht gefallen, WEIL

....

....

....

....

MEIN Lieblingssatz AUS DIESER GESCHICHTE

....

....

....

....

....

REZENSION POSTEN AM & AUF

NOTIZ

Buchtitel

AUTOR*IN

VERLAG / SELFPUBLISHING

GENRE

ERSCHIENEN

Bewertung:

Spannungsdiagramm

ANGEFANGEN AM:

BEENDET AM:

HAT MIR ☐ gefallen ☐ teilweise gefallen ☐ nicht gefallen, WEIL

MEIN Lieblingssatz AUS DIESER GESCHICHTE

REZENSION POSTEN AM & AUF

NOTIZ

Buchtitel

AUTOR*IN

VERLAG / SELFPUBLISHING

GENRE

ERSCHIENEN

Bewertung:

Spannungsdiagramm

ANGEFANGEN AM:

BEENDET AM:

HAT MIR ☐ gefallen ☐ teilweise gefallen ☐ nicht gefallen, WEIL

MEIN Liebingssatz AUS DIESER GESCHICHTE

REZENSION POSTEN AM & AUF

NOTIZ

Buchtitel

Autor*in

Verlag / Selfpublishing

Genre

Erschienen

Bewertung:

Spannungsdiagramm

Angefangen am:

Beendet am:

HAT MIR ☐ gefallen ☐ teilweise gefallen ☐ nicht gefallen, WEIL

MEIN Lieblingssatz AUS DIESER GESCHICHTE

REZENSION POSTEN AM & AUF

NOTIZ

Buchtitel

AUTOR*IN

VERLAG / SELFPUBLISHING

GENRE

ERSCHIENEN

Bewertung:

Spannungsdiagramm

ANGEFANGEN AM:

BEENDET AM:

HAT MIR ☐ gefallen ☐ teilweise gefallen ☐ nicht gefallen, WEIL

MEIN Lieblingssatz AUS DIESER GESCHICHTE

REZENSION POSTEN AM & AUF

NOTIZ

Buchtitel

AUTOR*IN

VERLAG / SELFPUBLISHING

GENRE

ERSCHIENEN

Bewertung:

Spannungsdiagramm

ANGEFANGEN AM:

BEENDET AM:

HAT MIR ☐ gefallen ☐ teilweise gefallen ☐ nicht gefallen, WEIL

MEIN *Liebingssatz* AUS DIESER GESCHICHTE

REZENSION POSTEN AM & AUF

NOTIZ

Buchtitel

AUTOR*IN

VERLAG / SELFPUBLISHING

GENRE

ERSCHIENEN

Bewertung:

Spannungsdiagramm

ANGEFANGEN AM:

BEENDET AM:

HAT MIR ☐ gefallen ☐ teilweise gefallen ☐ nicht gefallen, WEIL

MEIN Lieblingssatz AUS DIESER GESCHICHTE

REZENSION POSTEN AM & AUF

NOTIZ

Buchtitel

AUTOR*IN

VERLAG / SELFPUBLISHING

GENRE

ERSCHIENEN

Bewertung:

Spannungsdiagramm

ANGEFANGEN AM:

BEENDET AM:

HAT MIR ☐ gefallen ☐ teilweise gefallen ☐ nicht gefallen, WEIL

MEIN Liebingssatz AUS DIESER GESCHICHTE

REZENSION POSTEN AM & AUF

f ⓘ 🐦

NOTIZ

Buchtitel

AUTOR*IN

VERLAG / SELFPUBLISHING

GENRE

ERSCHIENEN

Bewertung:

Spannungsdiagramm

ANGEFANGEN AM:

BEENDET AM:

HAT MIR ☐ gefallen ☐ teilweise gefallen ☐ nicht gefallen, WEIL

MEIN Lieblingssatz AUS DIESER GESCHICHTE

REZENSION POSTEN AM & AUF

NOTIZ

Buchtitel

AUTOR*IN

VERLAG / SELFPUBLISHING

GENRE

ERSCHIENEN

Bewertung:

Angefangen am:

Beendet am:

Spannungsdiagramm

HAT MIR ☐ gefallen ☐ teilweise gefallen ☐ nicht gefallen, WEIL

MEIN Lieblingssatz AUS DIESER GESCHICHTE

REZENSION POSTEN AM & AUF

NOTIZ

Buchtitel

AUTOR*IN

VERLAG / SELFPUBLISHING

GENRE

ERSCHIENEN

Bewertung:

Spannungsdiagramm

ANGEFANGEN AM:

BEENDET AM:

HAT MIR ☐ gefallen ☐ teilweise gefallen ☐ nicht gefallen, WEIL

....

....

....

....

MEIN Lieblingssatz AUS DIESER GESCHICHTE

....

....

....

....

REZENSION POSTEN AM & AUF

NOTIZ

Buchtitel

AUTOR*IN

VERLAG / SELFPUBLISHING

GENRE

ERSCHIENEN

Bewertung:

Spannungsdiagramm

ANGEFANGEN AM:

BEENDET AM:

HAT MIR ☐ gefallen ☐ teilweise gefallen ☐ nicht gefallen, WEIL

MEIN *Liebingssatz* AUS DIESER GESCHICHTE

REZENSION POSTEN AM & AUF

NOTIZ

Buchtitel

AUTOR*IN

VERLAG / SELFPUBLISHING

GENRE

ERSCHIENEN

Bewertung:

ANGEFANGEN AM:

BEENDET AM:

Spannungsdiagramm

HAT MIR ☐ gefallen ☐ teilweise gefallen ☐ nicht gefallen, WEIL

MEIN Lieblingssatz AUS DIESER GESCHICHTE

REZENSION POSTEN AM & AUF

NOTIZ

Buchtitel

AUTOR*IN

VERLAG / SELFPUBLISHING

GENRE

ERSCHIENEN

Bewertung:

Spannungsdiagramm

ANGEFANGEN AM:

BEENDET AM:

HAT MIR ☐ gefallen ☐ teilweise gefallen ☐ nicht gefallen, WEIL

....

....

....

....

MEIN Lieblingssatz AUS DIESER GESCHICHTE

....

....

....

....

REZENSION POSTEN AM & AUF

NOTIZ

Buchtitel

AUTOR*IN

VERLAG / SELFPUBLISHING

GENRE

ERSCHIENEN

Bewertung:

Spannungsdiagramm

ANGEFANGEN AM:

BEENDET AM:

HAT MIR ☐ gefallen ☐ teilweise gefallen ☐ nicht gefallen, WEIL

MEIN Lieblingssatz AUS DIESER GESCHICHTE

REZENSION POSTEN AM & AUF

NOTIZ

Buchtitel

AUTOR*IN

VERLAG / SELFPUBLISHING

GENRE

ERSCHIENEN

Bewertung:

Spannungsdiagramm

ANGEFANGEN AM:

BEENDET AM:

HAT MIR ☐ gefallen ☐ teilweise gefallen ☐ nicht gefallen, WEIL

MEIN Lieblingssatz AUS DIESER GESCHICHTE

REZENSION POSTEN AM & AUF

NOTIZ

Buchtitel

AUTOR*IN

VERLAG / SELFPUBLISHING

GENRE

ERSCHIENEN

Bewertung:

ANGEFANGEN AM:

BEENDET AM:

Spannungsdiagramm

HAT MIR ☐ gefallen ☐ teilweise gefallen ☐ nicht gefallen, WEIL

MEIN *Lieblingssatz* AUS DIESER GESCHICHTE

REZENSION POSTEN AM & AUF

NOTIZ

Buchtitel

AUTOR*IN

VERLAG / SELFPUBLISHING

GENRE

ERSCHIENEN

Bewertung:

Spannungsdiagramm

ANGEFANGEN AM:

BEENDET AM:

HAT MIR ☐ gefallen ☐ teilweise gefallen ☐ nicht gefallen, WEIL

MEIN Lieblingssatz AUS DIESER GESCHICHTE

REZENSION POSTEN AM & AUF

NOTIZ

Buchtitel

Autor*in

Verlag / Selfpublishing

Genre

Erschienen

Bewertung:

Spannungsdiagramm

Angefangen am:

Beendet am:

HAT MIR ☐ gefallen ☐ teilweise gefallen ☐ nicht gefallen, WEIL

MEIN Lieblingssatz AUS DIESER GESCHICHTE

Rezension posten am & auf

NOTIZ

Buchtitel

Autor*in

Verlag / Selfpublishing

Genre

Erschienen

Bewertung:

Spannungsdiagramm

Angefangen am:

Beendet am:

HAT MIR ☐ gefallen ☐ teilweise gefallen ☐ nicht gefallen, WEIL

....

....

....

....

MEIN *Lieblingssatz* AUS DIESER GESCHICHTE

....

....

....

....

....

REZENSION POSTEN AM & AUF

f Instagram Twitter

NOTIZ

Buchtitel

AUTOR*IN

VERLAG / SELFPUBLISHING

GENRE

ERSCHIENEN

Bewertung:

Spannungsdiagramm

ANGEFANGEN AM:

BEENDET AM:

HAT MIR ☐ gefallen ☐ teilweise gefallen ☐ nicht gefallen, WEIL

MEIN Liebingssatz AUS DIESER GESCHICHTE

REZENSION POSTEN AM & AUF

Buchtitel

Autor*in

Verlag / Selfpublishing

Genre

Erschienen

Bewertung:

Spannungsdiagramm

Angefangen am:

Beendet am:

Hat mir [ ] gefallen [ ] teilweise gefallen [ ] nicht gefallen, weil

Mein Lieblingssatz aus dieser Geschichte

Rezension posten am & auf

Notiz

Buchtitel

AUTOR*IN

VERLAG / SELFPUBLISHING

GENRE

ERSCHIENEN

Bewertung:

Spannungsdiagramm

ANGEFANGEN AM:

BEENDET AM:

HAT MIR ☐ gefallen ☐ teilweise gefallen ☐ nicht gefallen, WEIL

MEIN Lieblingssatz AUS DIESER GESCHICHTE

REZENSION POSTEN AM & AUF

NOTIZ

Buchtitel

VERLAG / SELFPUBLISHING

GENRE

ERSCHIENEN

Bewertung:

Spannungsdiagramm

ANGEFANGEN AM:

BEENDET AM:

HAT MIR ☐ gefallen ☐ teilweise gefallen ☐ nicht gefallen, WEIL

MEIN Lieblingssatz AUS DIESER GESCHICHTE

REZENSION POSTEN AM & AUF

NOTIZ

Buchtitel

AUTOR*IN

VERLAG / SELFPUBLISHING

GENRE

ERSCHIENEN

Bewertung:

Spannungsdiagramm

ANGEFANGEN AM:

BEENDET AM:

HAT MIR ☐ gefallen ☐ teilweise gefallen ☐ nicht gefallen, WEIL

MEIN Lieblingssatz AUS DIESER GESCHICHTE

REZENSION POSTEN AM & AUF

f 📷 🐦

NOTIZE

Buchtitel

Autor*in

Verlag / Selfpublishing

Genre

Erschienen

Bewertung:

Spannungsdiagramm

Angefangen am:

Beendet am:

HAT MIR ☐ gefallen ☐ teilweise gefallen ☐ nicht gefallen, WEIL

MEIN Lieblingssatz AUS DIESER GESCHICHTE

REZENSION POSTEN AM & AUF

Buchtitel

AUTOR*IN

GENRE

Bewertung:

ANGEFANGEN AM:

BEENDET AM:

VERLAG / SELFPUBLISHING

ERSCHIENEN

Spannungsdiagramm

HAT MIR ☐ gefallen ☐ teilweise gefallen ☐ nicht gefallen, WEIL

....

....

....

....

MEIN Lieblingssatz AUS DIESER GESCHICHTE

....

....

....

....

REZENSION POSTEN AM & AUF

NOTIZ

Buchtitel

Autor*in

Verlag / Selfpublishing

Genre

Erschienen

Bewertung:

Spannungsdiagramm

Angefangen am:

Beendet am:

HAT MIR ☐ gefallen ☐ teilweise gefallen ☐ nicht gefallen, WEIL

MEIN Lieblingssatz AUS DIESER GESCHICHTE

REZENSION POSTEN AM & AUF

NOTIZ

Buchtitel

AUTOR*IN

VERLAG / SELFPUBLISHING

GENRE

ERSCHIENEN

Bewertung:

Spannungsdiagramm

ANGEFANGEN AM:

BEENDET AM:

HAT MIR ☐ gefallen ☐ teilweise gefallen ☐ nicht gefallen, WEIL

MEIN Lieblingssatz AUS DIESER GESCHICHTE

REZENSION POSTEN AM & AUF

f ⓘ 🐦

NOTIZ

Buchtitel

Autor*in

Verlag / Selfpublishing

Genre

Erschienen

Bewertung:

Spannungsdiagramm

Angefangen am:

Beendet am:

Hat mir ☐ gefallen ☐ teilweise gefallen ☐ nicht gefallen, weil

Mein *Lieblingssatz* aus dieser Geschichte

Rezension posten am & auf

f ⬚ 🐦

NOTIZ

Buchtitel

AUTOR*IN

VERLAG / SELFPUBLISHING

GENRE

ERSCHIENEN

Bewertung:

Spannungsdiagramm

ANGEFANGEN AM:

BEENDET AM:

HAT MIR ☐ gefallen ☐ teilweise gefallen ☐ nicht gefallen, WEIL

MEIN Lieblingssatz AUS DIESER GESCHICHTE

REZENSION POSTEN AM & AUF

NOTIZ

"Es wäre gut, Bücher zu kaufen, wenn man die Zeit, sie zu lesen, mitkaufen könnte."

– Arthur Schopenhauer

Notizen